»OM MANI PADME HUM«

Dank möchte ich aussprechen an alle, die direkt und indirekt mitgeholfen haben, dass dieses Buch realisiert werden konnte.

Für ihre hervorragende Organisation und Betreuung: Purushottam Dangol, Shahadev Shresta, Om Shresta, Indra Acharya und Ramesh Ohja.

Ganz besonderer Dank gilt meinem Mann Manfred und meinen Kindern.

Daphne Robins für die Übersetzung des Textes ins Englische, Frau Angela Baumann für die passenden Aphorismen, aber vor allem Herrn Bernd Fessler für die Gestaltung und Realisierung des Buches. Ohne sein außerordentliches Engagement hätte dieses Buch so nicht entstehen können.

Für Meus

I am indebted to all those people who assisted, directly or indirectly, in the in the creation of this book: Thanks to Purushottam Dangol, Shahadev Shresta, Om Shresta, Indra Acharya und Ramesh Ohja for their excellent care and organisation.

Special thanks to my husband Manfred and my children.

Thanks to Daphne Robins for the English translation, Mrs Angela Baumann, for the fitting aphorisms, but above all to Mr Bernd Fessler for the layout and realisation of the book. Without his extraordinary commitment this book could not have been realised in this way.

For Meus

Gisela Dressler

NEPAL

Traum und Wirklichkeit

EDITION BRAUS

Grußwort

Glückwunsch zum Erwerb dieses Buches!

Viele Länder Asiens hatte ich bereits besucht, oft als Geschäftsreisender oder auch als Tourist. Dieses Land jedoch – das kleine Königreich Nepal – hatte mich von Beginn an sofort in seinen Bann gezogen:

Die offene Freundlichkeit der Nepalesen, die gelebte Tradition, verbunden mit der friedvollen Akzeptanz ihrer Religionen untereinander, die Musik und Vielfalt der Tänze, einzigartige Kulturstätten, die Handwerkskunst der Einwohner, die Kontraste zwischen den Gebirgsmassiven und dem Dschungel.

Nepal ist überreich an Motiven und für Fotografen ein Paradies. Gisela Dressler, die Autorin dieses Buchs aber zeigt Nepal von der Seite, wie sie es fühlt. Nicht das Motiv ist für sie maßgeblich, sondern ihre Hingabe zu Land und Leuten. Neben der Professionalität kommt besonders ihre Liebe zu Nepal in diesen Bildern zum Ausdruck.

Bodo Krüger,
Konsul e.h. Königreich Nepal

Words of greeting

Congratulations for purchasing this book!

I have already visited many Asian countries: often during a business trip, sometimes as a tourist. But this country – the small Kingdom of Nepal – has fascinated me from the very beginning: the open friendliness of Nepalese people, the existing tradition combined with the peaceful acceptance of its religions among each other, the music and diversity of dances, the unique places of cultural interest, the fine art of handicraft, the contrasts between the massifs and the jungle.

Nepal offers a very rich variety of themes and is a paradise for photographers.

Gisela Dressler, the author of this book, shows Nepal rather from the angle how she feels about it. For her it is not the theme that is striking, but her devotion to the country and its people. Parallel to professionalism of Gisela Dressler particularly her love to Nepal found a strong expression in these pictures.

Bodo Krüger,
Honorary Royal Nepalese Consul

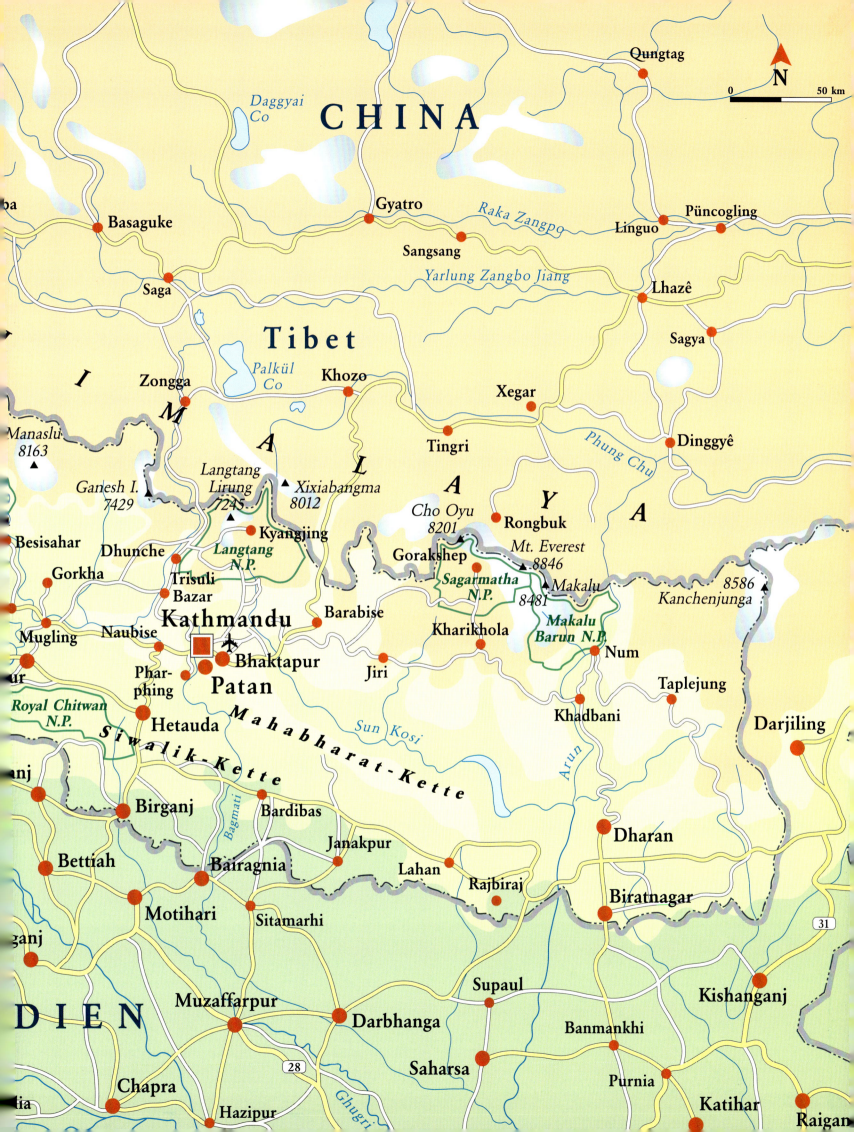

Nepal
Traum und Wirklichkeit

Information zum Einbandpapier

Über die Herstellung von Papier in Nepal

Die Papierherstellung ist in Nepal schon seit dem 7. Jahrhundert bekannt. Die Herstellungsweise hat sich seit dieser Zeit nicht geändert. Immer noch wird das Papier in einem mühevollen, arbeitsreichen Prozeß gefertigt, der in seiner Komplexität das hohe Niveau dieses Handwerks ausweist.

Zur Papierherstellung werden Arbeitsplätze unter freiem Himmel errichtet. Sie liegen nahe am Dorf bei den terrassierten Feldern, dicht bei fließendem Wasser und genügend hoch am Berg, so daß das Wasser frei von Pflanzenrückständen und Schlamm ist. Ein windiger Platz ist günstig, weil dies das Trocknen des Papiers begünstigt.

Zuerst werden die Daphnesträucher (Seidelbast) entrindet. Sie werden aber so geschält, daß die Sträucher nach einer Saison wieder geerntet werden können. Der eigentliche Herstellungsprozeß verläuft in acht Arbeitsschritten, ebenso wie bei handgeschöpften Papieren aus anderen Pflanzen. z. B. dem japanischen Maulbeerbaum, Brennesseln u.a.:

1. Einweichen: Die Bastschicht der Rinde wird zerkleinert und eingeweicht.

2. Kochen: Die Fasern werden mit Asche in etwa einer Stunde zu Brei gekocht.

3. Waschen und Spülen: Im nächsten Arbeitsgang werden die gekochten Fasern gewaschen und alle Rindenteile, alle Aschenpartikel und die schwarzen oder verfärbten Teile werden entfernt.

4. Kochen: Die Masse wird ein zweites Mal gekocht. Dazu wird Wasser verwendet, das zuvor durch eine Art Kohlefilter gelaufen ist. Der zweite Kochvorgang dauert lediglich eine halbe Stunde.

5. Spülen: Die Fasern werden in einem Korb im fließenden Wasser gründlich gespült.

6. Schlagen: Die Bastfasern werden mit faustgroßen Steinen oder hölzernem Hammer zu einer weichen Masse geklopft. Dabei wird Wasser zugesetzt, um einen dünnen Brei zu erhalten.

7. Schöpfen: Die Rahmen, in die die Papiermasse geschöpft wird, bestehen aus kräftigem Holz oder Bambus. Sie sind mit einem dünnen Baumwollstoff bespannt. Der Papierbrei wird jetzt in diese Rahmen, die sich im stehenden Wasser befinden, vorsichtig hineingegossen. Bei der gleichmäßigen Verteilung des Breies ist nicht nur die Erfahrung des Schöpfers von Bedeutung, sondern auch das Wasser eine Hilfe.

8. Trocknen: Vorsichtig wird der Rahmen aus dem Wasser gehoben und an einem sonnigen, windigen Platz zum Trocknen aufgestellt. Nach dem Trocknen wird das Papier behutsam aus den Rahmen genommen und je nach Bedarf als Bogen in Originalgröße verwendet oder sonst weiterverarbeitet. Damit ist der Herstellungsvorgang beendet.

Das so hergestellte Papier ist meist natur-weiß, es ist außerordentlich haltbar und elastisch. Reste des Ausgangsmaterials, also der Bastfasern, sind noch zu sehen. Das Papier eignet sich auch zum Aquarellieren, zum Siebdruck und für viele andere künstlerische Techniken. Es ist in Nepal das offizielle Dokumentenpapier.

Dies ist die traditionelle, arbeitsintensive Methode der Papierherstellung. Sie kann von den Bauern, die sie als Nebenverdienst betreiben, nur in Zeiten betrieben werden, wenn es wenig Arbeit auf den Feldern gibt und wenn das Klima das Trocknen des Papiers zuläßt.

Papier wird im wesentlichen in West-Baglung, Barabise (nördlich von Kathmandu) und in Ostnepal hergestellt. Das Papier aus Baglung und Barabise ist eher dicker und gilt als das beste. Man kann es mit jeder Sorte Stift beschreiben, auch mit Füllfederhaltern, Tusche und vielen anderen.

Gerade in unserer Zeit, die mit den Ressourcen der Erde zu Unrecht verschwenderisch umgeht, ist dieses handgeschöpfte Papier besonders empfehlenswert, weil es aus nachwachsenden Rohstoffen ohne Zusatz von chemischen Stoffen hergestellt wird und dadurch die Umwelt nicht unnötig belastet. Manche aus Nepal importierte Papiere sind bereits wieder nach alter Kunst mit Pflanzenfarben gefärbt und verzichten auch dabei auf umweltbelastende Zutaten.

DNH

Würde man die Entwicklung Nepals an der Zahl der höchsten
Berge messen, an der Menge des von den Himalaya-Flüssen
geführten Wassers, an der Freundlichkeit und Toleranz der Menschen, so gebührte Nepal einer der ersten Plätze unter allen Län-
dern auf unserer Erde. Bei den Entwicklungsanzeichen steht
Nepal allerdings an letzter Stelle. Hinter den mageren Zahlen des
Landes verbergen sich Schicksale von Menschen, die mit abstrak-
ten Begriffen wie Kindersterblichkeit, Bevölkerungswachstum,
Trinkwasserversorgung, Energieversorgung, Ernährungslage,
Gesundheitssystem und das Bildungswesen nur unvollständig
beschrieben werden können. Erst die Begegnung mit den Menschen und deren Schicksalen lassen Initiativen wie die Deutsch-
Nepalische Hilfsgemeinschaft entstehen.

Die Deutsch-Nepalische Hilfsgemeinschaft e.V. (DNH) wurde im
Jahre 1979 von Frau Margot Busak und gleichgesinnten Freunden
in Stuttgart aus der Taufe gehoben. Der Verein hat heute über 600
Mitglieder und ca. 1.000 Spender im ganzen Bundesgebiet. Die
Deutsch-Nepalische Hilfsgemeinschaft unterstützt mit einem jähr-
lichen Spendenaufkommen von etwa 250.000,- EUR zur Zeit ca.
45 Maßnahmen in den Bereichen Kranken-, Ausbildungs- und
Sozialhilfe sowie vieles mehr und engagiert sich in Umwelt- und
infrastrukturellen Maßnahmen.

Bitte helfen Sie uns, damit auch wir helfen können.

www.dnh-stuttgart.org

DNH

If the development of Nepal were to be based on the number of
the highest mountains, the amount of water being carried by the
rivers of the Himalayas, by the friendliness and tolerance of the
people, then Nepal deserves to be at the top of the list of all the
countries in the world. But Nepal is at the bottom of the list. The
meagre figures for Nepal do not show the real tragedy of the
people which cannot be sufficiently described using abstract terms
such as infant mortality, population growth, drinking water sup-
plies, power supply, nutrition, health system and education.
Actually meeting the people and experiencing their tragic situation
led to initiatives such as the Deutsch-Nepalische Hilfsgemeinschaft
(German Nepalese Help Association).

The Deutsch-Nepalische Hilfsmeinschaft (German-Nepalese Help
Association) – in short DNH – was founded in Stuttgart in 1979 by
Mrs Margot Busak and like-minded friends. The association thri-
ves on the 600 members and 1000 people that donate money from
all over Germany. The association spends Euro 250,000 each year
on currently 45 projects in health care, education and welfare etc.
and is also committed to environmental measures and infrastruc-
ture.

Please help us to help.

www.dnh-stuttgart.org

Namaste

»Warum immer wieder Nepal?«
»Hast Du noch nicht genug gesehen
von dem Land?«
Solche Fragen werden mir häufig von
Freunden und Bekannten gestellt.
Es ist nicht einfach, meine Begeiste-
rung für Nepal in Worte zu fassen.
Das Land übte auf mich schon sehr
lange seine Faszination aus: schon seit den 60er Jahren, als nur
gelegentlich Berichte über Nepal in Zeitschriften erschienen. Ich
las mit Interesse alles über das Land, das erst Mitte der 50er Jahre
für Fremde zugänglich wurde. Damals sah man häufig Bilder und
las Berichte von Kathmandu. Darin wurde auch über die Schattenseite des beginnenden Tourismus berichtet: die Entwicklung
der Freakstreet in der Hauptstadt, dem Ziel vieler Blumenkinder
und Aussteiger und von freiem Zugang zu Heroin und anderen
Suchtmitteln.
Natürlich beflügelten auch andere Bilder und Schilderungen
meine Phantasie: die höchsten Berge der Erde, die fruchtbaren
Täler, unberührte Natur und Menschen, die in dieser schwer
zugänglichen Region in Frieden leben. Auch die Berichterstattung
über die Bezwingung der Achttausender im Himalaja begann erst
in jener Zeit. Doch musste ich mich noch lange gedulden, bis mein
Traum nach Nepal zu reisen Wirklichkeit wurde. In der DDR
lebend waren uns Auslandsreisen dieser Art nicht gestattet. Und
später in Westdeutschland waren unsere neun Kinder zuviel, um
auf Reisen zu gehen.
Erst im Jahr 1985 war es so weit: Ganz auf eigene Faust reisten
meine Tochter und ich nach Kathmandu, in eine Wirklichkeit, die
ganz anders aussah, als die lange erträumte, aber nicht minder
spannend und aufregend. Die Hauptstadt zeigte sich von einer
grauen und schmutzigen Seite, denn wir hatten unsere Reise an
das Ende der regnerischen Monsunzeit gelegt und die meisten kleinen Straßen der Stadt bestanden noch aus Lehm. Doch wir erlebten in dieser Zeit auch ein unbeschreiblich farbenfrohes und

Namaste

My friends still ask me «Why do you keep going to Nepal? Don't
you ever get fed up of going?». It certainly is not easy to capture
my enthusiasm for Nepal in a few words. Nepal has fascinated me
since the sixties, although very little on Nepal appeared in magazi-
nes in those days. I lived in East Germany at the time and eagerly
read what I could about Nepal. Nepal had only been open to for-
eigners since the mid fifties and often pictures of Kathmandu were
shown. First reports appeared on the hazards of tourism, the development of «freak» street in the capital city Kathmandu, a prime
destination for the flower power generation and drop outs, and on
the availability of heroine and other drugs. Later pictures of the
world's highest mountains, the deep valleys, the untouched nature
and the people living peacefully in this remote region inspired me.
Around this time came first reports on the conquest of the eight
thousand meter high mountains. Year for year my desire to travel
to Nepal grew, but it was yet to be a long wait before my dream
was to become true. Living in the GDR was of course a major
handicap, with travel not being allowed, and later my large family
rendered a lengthy absence from home impossible.
Finally, in 1985, my daughter and I headed off to Kathmandu on
our own, into a reality that naturally was very different to that of
my dreams, but nevertheless, no less exciting. We arrived at the
end of the monsoon season to be greeted by a muddy and murky
Kathmandu, the capital of Nepal, where many secondary roads
were still but mere mud tracks. However, a most colourful and
lively Indra-Jatra festival in the warm sunshine provided a wonder-
ful contrast. Our first trekking tour, a supposedly easy route, took
us through the Helambu region. The tropical heat was piercing
and we were caught in torrential rainfall. Paths turned into slip-
pery streams, invariably disappearing into landslides, and we were
often forced to wade through rivers where bridges had been swept
away during the rainy season. We met friendly, helpful people who
took our hands to wade through rivers and through recent muddy
landslides. This first walk was not to be the most difficult or longest
of our treks, but by far the most impressionable and memorable.

lebendiges Indra-Jatra-Fest im warmen Sonnenschein. Als erste Trekkingtour suchten wir eine vermeintlich leichte Route aus. Auf dieser Wanderung durch die Helambu-Region erlebten wir stechende, tropische Hitze neben sintflutartigen Regengüssen. Wir liefen auf Wegen, die sich in glitschige Bäche verwandelten, umgingen Pfade, die durch Erdrutsch verschüttet und durchquerten Flüsse, deren Brücken vom Regen weggeschwemmt waren. Auch trafen wir auf freundliche, hilfsbereite Menschen, die uns an der Hand durch Flüsse und selbst durch frische Schlammlawinen führten. Dieser erste Treck war nicht der schwierigste und nicht der längste, aber sicher der eindruckvollste, der unvergesslich bleiben wird. Mit dieser ersten und mit jeder nachfolgenden Reise wuchsen die Erkenntnisse über Nepal und mit den Erkenntnissen wuchs die Neugier auf Land und Menschen.

Heute kann ich auf Besuche in die schönsten und interessantesten Regionen Nepals zurückblicken und damit auch auf eigene erfüllte Träume. So grau und unfreundlich die Fotos unserer ersten Reise Nepal und Kathmandu aussehen lassen, so strahlend und farbig zeigte sich das Land später auf beinahe allen meinen Touren. Die klare Luft und das ständig wechselnde Licht sind die idealen Bedingungen für Fotografen. Immer wichtiger wurde mir auf meinen Reisen das wirkliche Leben der Menschen. Dessen unglaubliche Vielfalt zog mich in seinen Bann. Es ist der Alltag in einem der schönsten aber ärmsten Länder der Erde, in dem es vor allem Sache der Frauen ist, ihn zu bewältigen. Durch ihre tägliche, außergewöhnlich große Arbeitsleistung, ihre Geduld, Toleranz und Gelassenheit funktioniert das Leben auf sehr traditionsgebundene Weise. Dabei brechen Säuglings- und Müttersterblichkeit noch immer traurige Rekorde.

Die Menschen in Nepal haben es in besonderer Weise verdient, endlich unter politischen Bedingungen leben zu können, die das Land in einen stabilen demokratischen und gerechten Staat wandeln, in dem jeder Bürger an wachsendem Wohlstand teilhat.

Ich wünsche allen Bewohnern Nepals, dass diese Vision in absehbarer Zeit Wirklichkeit wird und nicht nur ein Traum bleibt!

Gisela Dressler im September 2005

On this first and all subsequent journeys I learnt more and more about the country and simultaneously my interest in the people grew. I now reflect on many visits to Nepal and on my dreams that have come true. The lives and diversity of the people in Nepal became Increasingly important to me on my visits and really put their spell on me. The women in Nepal, one of the most beautiful, although poorest, countries in the world, work extremely hard to deal with day to day life and it is this hard work, their patience, their tolerance and their placidity that ensure that traditional life continues to function. Sadly infant and child birth mortality rates are exceedingly high. The people of Nepal so deserve to live in a political environment that provides the country with democratic stability in which each citizen benefits from increasing prosperity. My personal wish for the people of Nepal is that this vision becomes reality in the not so distant future and does not remain but a mere dream.

Gisela Dressler in September 2005

Auch über Tempeln grollen Donner.

It even thunders over temples.

Was wir bauen, bauen wir für den Verfall.

Whatever we build, we build for decay.

Der Schatten, den du wirfst, sagt nichts über deine Größe.

The length of your shadow says little of your greatness.

Nicht jedem öffnen sich goldene Tore.

Golden gates do not open for everyone.

Menschliches Behaustsein ist nicht vergleichbar mit dem Sitz der Götter.

Human dwellings are not comparable with the house of Gods.

Was uns schützt, bedroht uns auch.

Whatever protects us also constitutes a threat.

Verbündet mit den Steinen sind wir unsterblich.

United with stone we become immortal.

16

Der Glaube zähmt jede Kreatur.

Belief tames every creature.

Obwohl wir zahlreich sind, kommt es auf jeden an.

We may be numerous, but each individual counts.

Gebete nützen sich nicht ab.

Prayers will never wear out.

Was der Wind liest, beantwortet er nicht.

The wind does not answer everything it reads.

Wir wissen nie, welchen Geschöpfen die Götter den Vorzug geben.

We will never know which creatures the Gods prefer.

Indem die Götter schützen, herrschen sie.

In protecting us the Gods reign.

Wer erhört unsere Bitten, Götter oder Menschen?

Who hears our pleas, the Gods or humanity?

Nicht nur der Leib braucht Nahrung, auch die Seele.

It is not only the body that needs food, but also the soul.

Was wir lieben, entscheidet sich früh.

We decide early what we love.

Der Sitz der Götter ist bei ihren Geschöpfen.

The seat of Gods lies with their creatures.

Wir sollten das Leben feiern, vor dem Tod.

We should celebrate life, before death.

Nicht jede Tür ist einladend.

Not every door is inviting.

Brauchen wir die Nähe, oder fürchten wir sie?

Do we need closeness, or are we afraid of it?

Auch die Unendlichkeit ist endlich.

Even infinity is finite.

Was du bezwingen willst, wirst du nicht ergründen.
You will not learn about what you wish to conquer.

Die Götter hören nicht besser, je näher wir ihrem Sitz kommen.

Gods do not hear us better the closer we get to them.

Die Schattenseite sollte uns kein fremdes Land sein.

The dark side of life should not be foreign to us.

Wenn dich keiner deiner Brüder findet, findest du dich selbst?

Do you find yourself, if none of your brothers does?

Wir kennen das Ziel nicht, aber jeder Weg führt dorthin.

We do not know our destination, but all roads lead there.

Je näher wir dem Himmel kommen, desto weiter wird er.

The closer we get to the sky, the further away it is.

Auch erstürmte Gipfel vergessen unsere Spur.

Even conquered summits forget our tracks.

Wege dürfen steinig sein, nur nicht vergebens.

Our paths may be stony, but never in vain.

Nicht nur reiche Kinder sind unser Reichtum.

Not only rich children are our fortune.

Wer die Trauer scheut, verwirkt den Anspruch auf Freude.

Without sorrow you have no claim to happiness.

Nicht nur Wasser kehrt dorthin zurück, woher es kam.

Not only water returns hence it came.

Versteine nicht, ehe deine Zeit abgelaufen ist.

Do not become stone before your time is up.

Inmitten der Welt sind wir Inselbewohner.

We are islanders amidst the world.

Auch wo niemand sät, reifen Ernten.

Harvests mature even where nobody has sown.

Im Kampf um jeden Fußbreit fruchtbaren Bodens gibt es nur Sieger.

There are only winners in the fight for every inch of arable land.

Wer sind wir, wenn uns niemand spiegelt?

Who are we if nobody reflects us?

Vertrauen ist der sicherste Brückenschlag.

Trust forges links.

Wer keine Kontur gewinnt, verliert sich.

If you do not gain shape, you lose yourself.

Nicht nur Frucht trägt die Erde, auch Steine.

The earth bears not only fruits, but also stones.

Reichlich und gern belohnt die Natur unsere Sorgfalt.

Nature honours us generously for our care.

Wer sein Nest am Abgrund baut, muss fliegen können.

If you build your nest on a cliff you have to be able to fly.

Den Wohlstand schätzt, wer ihn erkämpft.

Affluence is valued by those who fight it.

Die Wege sind es nicht, die sich an uns erinnern.

It is not our paths that remember us.

Wer im Kleinen nicht geduldig ist, scheitert im Großen.

Impatience in small things leads to failure in greater things.

Auf allen Wegen sind wir gefährdet und geborgen.

We are endangered and secure on all paths.

Im Saatkorn verbirgt sich die Fülle.

Abundance is in the seed.

Ist endlose Plage der Sinn des Lebens?

Is endless strife the meaning of life?

Ohne Brücken wanderst du mühsam aber frei.

Wander with difficulty but freely without bridges.

Wer mit der Herde zieht, kennt keine Furcht.

Those who follow the herd know no fear.

In den Händen der Mütter liegen Geburt und Tod.

Birth and death lie in the hands of mothers.

Nur scheinbar wissen wir, wohin die Wege führen.

It only appears as if we know where our paths lead.

Was wir für winzig achten, kann riesig sein.

What we regard as tiny could be massive.

Nicht jede Ernte verspricht Wohlstand.

Not every harvest is a promise of prosperity.

Steht das Auge Gottes am Himmel oder mitten unter uns?

Is the eye of God in heaven or in our midst?

Nur Wasserwege sind grenzenlos.

Only waterways are endless.

Die höchsten Güter tragen bescheidene Gewänder.

The most important goods wear modest robes.

Es gibt stärkere Freuden als den Besitz.

There are greater pleasures than possessions.

Sein Platz in der Welt fällt dem Menschen nicht zu, er muss ihn sich schaffen.

You do not just happen to find your place in the world, you have to work for it.

Schauen die Götter auf uns, oder auf sich selbst?

Do the Gods look upon us, or upon themselves?

Pracht ist unabhängig vom Mammon.

Splendour is independent of Mammon.

Hat das Glück andere Farben als das Elend?

Does happiness have different colours to those of misery?

Nur beiderseitige Hingabe trägt reiche Frucht.

Dedication on both sides yields rich fruits.

Mancher Reichtum ist nicht zählbar.

Some riches cannot be counted.

Jeder Inhalt bleibt ohne Form flüchtig.

Content without shape remains volatile.

Nicht immer sind Göttinnen aus Stein.

Not all Goddesses are made of stone.

Fruchtbarkeit und Verfall geben dem Leben Nahrung.

Fertility and decay are the food of life.

Was brauchst du mehr, als einen geraden Rücken und eine offene Hand?

What more do you need than a straight back and an open hand?

Aus Träumen und Verlusten entsteht das Gewebe des Lebens.

The fabric of life derives from dreams and loss.

Ob wir das Ziel erreichen, hängt nicht von der Last ab, die wir tragen.

Whether or not we reach our destination does not depend on the load we carry.

Eintönigkeit ist Menschenwerk.

Monotony is the work of man.

Wer Wasser schöpft, schöpft Leben.

They who draw water draw life.

Wie lange noch gilt die reinigende Kraft des Wassers?

How long will the cleansing powers of water last?

Geteilt wiegen Arbeit und Freude leicht.

Work and pleasure are lighter when shared.

Welche Farbe die Welt hat, bestimmen wir selbst.

We determine the colour of the world ourselves.

Die Kostüme wechseln, das Stück ändert sich nicht.

Costumes may change, the play stays the same.

Wer schreibt das Gesetz auf die Flagge, die du zeigst?

Who writes the law on the flag you are showing?

Menschen altern, Steine, selbst Götter. Nur das Leben altert nicht.

People age, so does stone, and even the Gods. Only life does not.

Abbildungsverzeichnis

Gisela Dressler

18 Bodhnath

19 Swayambunath

34 Kanchenjunga, Lhonak

35 Khabur, Khambachen

Nepal

20 Bodhnath

21 Swayambunath

36 Thengpoche

37 Thengpoche

3indu

2 Om Mani Padme hum

22 Swayambunath

23 Bhairaw

38 Mirgin La

39 Annapurna Basecamp

8/9 Jamachok Kathmandu

24 Dakshinkali Tempel

25 Dakshinkali Tempel

40 Lhonak

41 Langtang

10 Stupa Kirtipur

11 Kathmandu

26 Pashupatinath

27 Bagmati

42 Kagbeni

43 Kali Gandaki

12 Patan

13 Bhaktapur

28 Kagbeni

29 Bhaktapur

44 Barun Kola

45 Barun Kola

14 Changu Narayan

15 Changu Narayan

30/31 Annapurna Basecamp

46 Barun Kola

47 Kumbu

16 Taleju Tempel

17 Gompa Gorakhnath

32 Annapurna, Manang

33 Annapurna, Manang

48 Barunpass

49 Chirwa

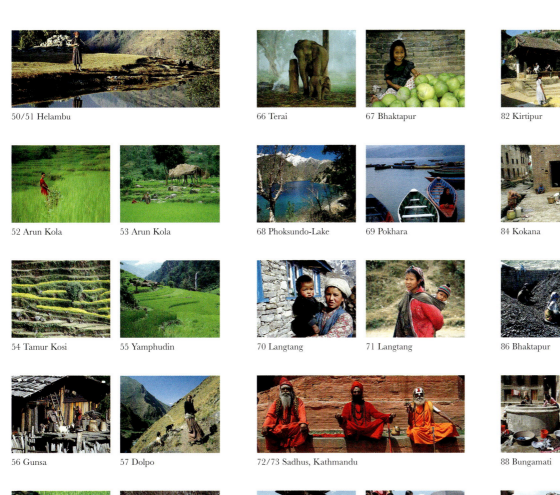

50/51 Helambu

66 Terai

67 Bhaktapur

82 Kirtipur

83 Kirtipur

52 Arun Kola

53 Arun Kola

68 Phoksundo-Lake

69 Pokhara

84 Kokana

85 Bhaktapur

54 Tamur Kosi

55 Yamphudin

70 Langtang

71 Langtang

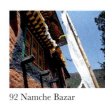
86 Bhaktapur

87 Kumbu

56 Gunsa

57 Dolpo

72/73 Sadhus, Kathmandu

88 Bungamati

89 Changu Narayan

58 Dhunai

59 Kumbu

74 Indra Jatra

75 Indra Jatra

90 Bhaktapur

91 Bhaktapur

60 Terai

61 Ilam

76 Pashupatinath

77 Dakshinkali-Tempel

92 Namche Bazar

93 Swayambunath

62 Arun Kola

63 Bhotebas

78 Kathmandu

79 Bhaktapur

Pokhara

64 Ringmo

65 Nala

80 Bhaktapur

81 Patan

Impressum

Fotografie

Gisela Dressler, Hemsbach

Konzeption und Buchgestaltung

Bernd Fessler, Mühlacker

Texte

Angela Baumann, Weihenzell

Übersetzung ins englische

Daphne Robins, Exceter GB

Satz

Achim Geiger, Mühlacker

Nepalkarte

map.solutions®, Karlsruhe

Vergrößerung

Dia-Service, Stuttgart

Einbandpapier aus Nepal

Tudi Billo®, Witzenhausen

Farben

Aniva® hochpigmentierte Druckfarben

Papier

Job Parilux halbmatt 170 g/m²

Gesamtherstellung

Wachter GmbH, Bönnigheim

ISBN 3-89904-187-9

www.editionbraus.de

© Edition Braus im Wachter Verlag GmbH

Heidelberg, Oktober 2005